大畫·金剛經

關於本書《大畫·金剛經》介紹

《金剛經》屬於佛經般若部的經典之一，是世尊釋迦牟尼在世時與長老須菩提等眾弟子的對話紀錄，主要講述大乘佛教的空性智慧與慈悲精神。由於該經旨在論述成道境界，即無上正等正覺，在佛教中亦為“不可説境界”，儘管經文篇幅不長，其文字結構仍然晦澀複雜，真正了解其中義趣的人十分有限。經文中強調“真理”本身無法透過文字和簡單邏輯推理而得，必須躬親體驗。

《金剛經》傳入中國後，自東晉到唐朝共有六個譯本，其中以鳩摩羅什所譯《金剛般若波羅蜜經》最為流行，也是本畫冊引用的譯本。另外，唐玄奘譯本《能斷金剛般若波羅蜜經》，為鳩摩羅什譯本的一個重要補充，其他譯本則流傳不廣。

如何能讓更多人接近並直達《金剛經》所述的不可思議的成道智慧呢？本書《大畫·金剛經》嘗試在鳩摩羅什譯本的不同段落的經文的基礎上，配以現代流行圖案和元素，旨在為更多讀者提供一種方便，期望能夠借助一種閱讀佛經的全新體驗，引發大家對般若類佛經的讀誦興趣。

金剛經

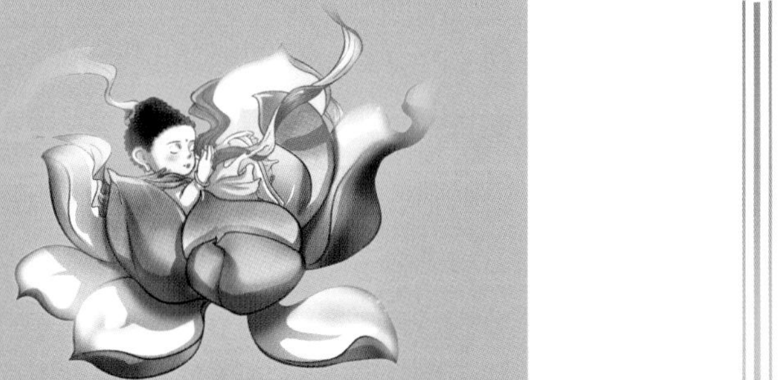

開經偈

無上甚深微妙法　百千萬劫難遭遇
我今見聞得受持　願解如來真實義

如是我聞。一時佛在舍衛國。祇樹給孤獨園。

與大比丘眾。千二百五十人俱。

爾時世尊。食時。著衣持鉢。入舍衛大城乞食。
於其城中。次第乞已。還至本處。

飯食訖。收衣鉢。洗足已。敷座而坐。

爾時長老須菩提。在大眾中。即從座起。偏袒右肩。右膝著地。合掌恭敬。而白佛言。希有世尊。如來善護念諸菩薩。善付囑諸菩薩。世尊。善男子。善女人。發阿耨多羅三藐三菩提心。應云何住。云何降伏其心。

佛言。善哉善哉。須菩提。如汝所說。如來善護念諸菩薩。善付囑諸菩薩。汝今諦聽。當為汝說。善男子。善女人。發阿耨多羅三藐三菩提心。應如是住。如是降伏其心。唯然。世尊。願樂欲聞。

佛告須菩提。諸菩薩摩訶薩。應如是降伏其心。
所有一切眾生之類。若卵生。若胎生。若濕生。
若化生。若有色。若無色。若有想。若無想。若非
有想。非無想。我皆令入無餘涅槃而滅度之。如
是滅度無量無數無邊眾生。實無眾生得滅度者。
何以故。須菩提。若菩薩有我相。人相。眾生相。
壽者相。即非菩薩。

復次。須菩提。菩薩於法。應無所住。行於布施。所謂不住色布施。不住聲香味觸法布施。須菩提。菩薩應如是布施。不住於相。何以故。若菩薩不住相布施。其福德不可思量。

須菩提。於意云何。東方虛空。可思量不。
不也。世尊。須菩提。南西北方。四維上下。
虛空可思量不。不也。世尊。須菩提。菩薩
無住相布施。福德亦復如是。不可思量。
須菩提。菩薩但應如所教住。

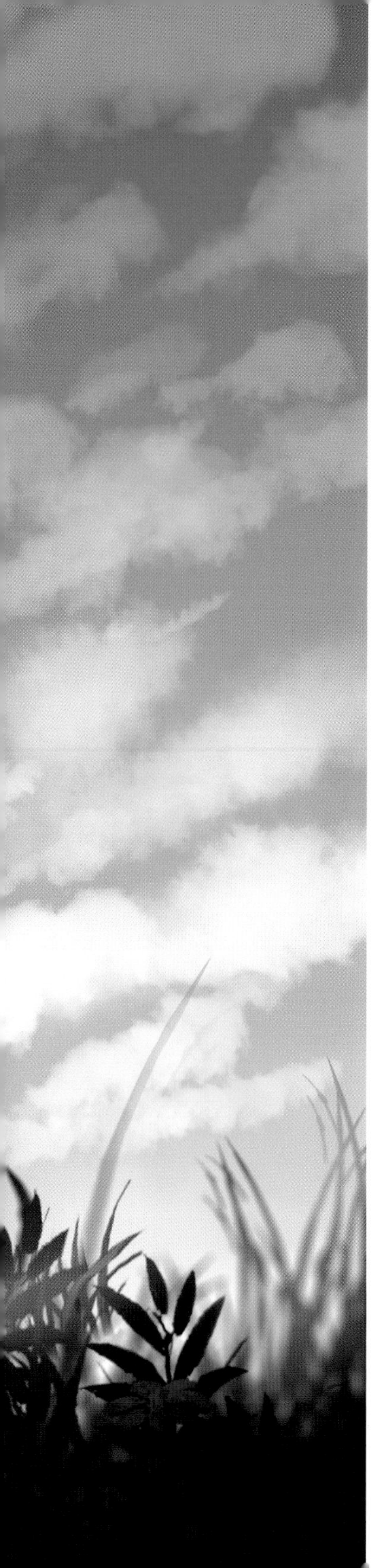

須菩提。於意云何。可以身相見如來不。不也。世尊。不可以身相得見如來。何以故。如來所説身相。即非身相。佛告須菩提。凡所有相。皆是虛妄。若見諸相非相。即見如來。

須菩提白佛言。世尊。頗有眾生。得聞如是言說章句。生實信不。佛告須菩提。莫作是說。如來滅後。後五百歲。有持戒修福者。於此章句。能生信心。以此為實。當知是人。不於一佛二佛三四五佛而種善根。已於無量千萬佛所。種諸善根。聞是章句。乃至一念生淨信者。

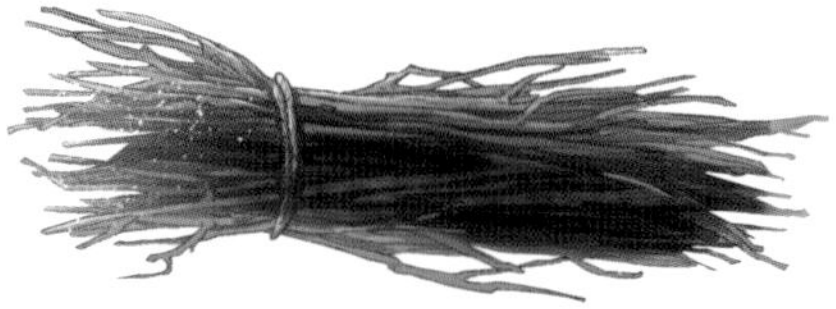

須菩提。如來悉知悉見。是諸眾生。得如是無量福德。何以故。是諸眾生。無復我相人相眾生相壽者相。無法相。亦無非法相。何以故。是諸眾生。若心取相。則為著我人眾生壽者。若取法相。即著我人眾生壽者。何以故。若取非法相。即著我人眾生壽者。是故不應取法。不應取非法。以是義故。如來常說。汝等比丘。知我說法。如筏喻者。法尚應捨。何況非法。

須菩提。於意云何。如來得阿耨多羅三藐三菩提耶。如來有所說法耶。須菩提言。如我解佛所說義。無有定法。名阿耨多羅三藐三菩提。亦無有定法。如來可說。何以故。如來所說法。皆不可取。不可說。非法非非法。所以者何。一切賢聖。皆以無為法。而有差別。

須菩提。於意云何。若人滿三千大千世界七寶。以用布施。是人所得福德。寧為多不。須菩提言。甚多。世尊。何以故。是福德。即非福德性。是故如來說福德多。若復有人。於此經中受持。乃至四句偈等。為他人說。其福勝彼。何以故。須菩提。一切諸佛。及諸佛阿耨多羅三藐三菩提法。皆從此經出。須菩提。所謂佛法者。即非佛法。

一切有為法
如夢幻泡影
露亦如電

須菩提。於意云何。須陀洹。能作是念。我得須陀洹果不。須菩提言。不也。世尊。何以故。須陀洹。名為入流。而無所入。不入色聲香味觸法。是名須陀洹。須菩提。於意云何。斯陀含能作是念。我得斯陀含果不。須菩提言。不也。世尊。何以故。斯陀含。名一往來。而實無往來。是名斯陀含。

須菩提。於意云何。阿那含能作是念。我得阿那含果不。須菩提言。不也。世尊。何以故。阿那含。名為不來。而實無不來。是故名阿那含。須菩提。於意云何。阿羅漢能作是念。我得阿羅漢道不。須菩提言。不也。世尊。何以故。實無有法。名阿羅漢。世尊。若阿羅漢作是念。我得阿羅漢道。即為著我人眾生壽者。世尊。佛説我得無諍三昧。人中最為第一。是第一離欲阿羅漢。世尊。我不作是念。我是離欲阿羅漢。世尊。我若作是念。我得阿羅漢道。世尊。則不説須菩提。是樂阿蘭那行者。以須菩提實無所行。而名須菩提。是樂阿蘭那行。

佛告須菩提。於意云何。如來昔在燃燈佛所。於法有所得不。不也。世尊。如來在燃燈佛所。於法實無所得。須菩提。於意云何。菩薩莊嚴佛土不。不也。世尊。何以故。莊嚴佛土者。即非莊嚴。是名莊嚴。是故須菩提。諸菩薩摩訶薩應如是生清淨心。不應住色生心。不應住聲香味觸法生心。應無所住。而生其心。須菩提。譬如有人。身如須彌山王。於意云何。是身為大不。須菩提言。甚大。世尊。何以故。佛說非身。是名大身。

須菩提。如恒河中所有沙數。如是沙等恒河。於意云何。是諸恒河沙。寧為多不。須菩提言。甚多。世尊。但諸恒河尚多無數。何況其沙。須菩提。我今實言告汝。若有善男子。善女人。以七寶滿爾所恒河沙數三千大千世界。以用布施。得福多不。須菩提言。甚多。世尊。佛告須菩提。若善男子。善女人。於此經中。乃至受持四句偈等。為他人說。而此福德。勝前福德。

復次。須菩提。隨說是經。乃至四句偈等。當知此處。一切世間天人阿修羅。皆應供養。如佛塔廟。何況有人。盡能受持讀誦。須菩提。當知是人成就最上第一希有之法。若是經典所在之處。即為有佛。若尊重弟子。

爾時須菩提白佛言。世尊。當何名此經。我等云何奉持。佛告須菩提。是經名為金剛般若波羅蜜。以是名字。汝當奉持。所以者何。須菩提。佛說般若波羅蜜。即非般若波羅蜜。是名般若波羅蜜。須菩提。於意云何。如來有所說法不。須菩提白佛言。世尊。如來無所說。須菩提。於意云何。三千大千世界所有微塵。是為多不。須菩提言。甚多。世尊。須菩提。諸微塵。如來說非微塵。是名微塵。

廣長舌相
梵音相
四牙白
毛右旋
身廣長等相
諸齒齊密相
千輻輪相
馬陰藏相
足安平相
毛孔一毛

如來説世界。即非世界。是名世界。須菩提。於意云何。可以三十二相見如來不。不也。世尊。不可以三十二相得見如來。何以故。如來説三十二相。即是非相。是名三十二相。須菩提。若有善男子。善女人。以恒河沙等身命布施。若復有人。於此經中。乃至受持四句偈等。為他人説。其福甚多。

爾時須菩提。聞説是經。深解義趣。涕淚悲泣。而白佛言。希有世尊。佛説如是甚深經典。我從昔來所得慧眼。未曾得聞如是之經。世尊。若復有人。得聞是經。信心清淨。則生實相。當知是人。成就第一希有功德。世尊。是實相者。即是非相。是故如來説名實相。世尊。我今得聞如是經典。信解受持。不足為難。若當來世。後五百歲。其有眾生。得聞是經。信解受持。是人則為第一希有。何以故。此人無我相。無人相。無眾生相。無壽者相。所以者何。我相即是非相。人相眾生相壽者相。即是非相。何以故。離一切諸相。即名諸佛。

佛告須菩提。如是如是。若復有人。得聞是經。不驚不怖不畏。當知是人甚為希有。何以故。須菩提。如來說第一波羅蜜。即非第一波羅蜜。是名第一波羅蜜。須菩提。忍辱波羅蜜。如來說非忍辱波羅蜜。是名忍辱波羅蜜。何以故。須菩提。如我昔為歌利王割截身體。我於爾時。無我相。無人相。無眾生相。無壽者相。何以故。我於往昔節節支解時若有我相。人相眾生相壽者相。應生嗔恨。須菩提。又念過去於五百世。作忍辱仙人。於爾所世。無我相。無人相。無眾生相。無壽者相。是故須菩提。菩薩應離一切相。發阿耨多羅三藐三菩提心。不應住色生心。不應住聲香味觸法生心。應生無所住心。若心有住。即為非住。

是故佛説菩薩心。不應住色布施。須菩提。菩薩為利益一切眾生。應如是布施。如來説一切諸相。即是非相。又説一切眾生。即非眾生。須菩提。如來是真語者。實語者。如語者。不誑語者。不異語者。須菩提。如來所得法。此法無實無虛。須菩提。若菩薩心。住於法而行布施。如人入暗。則無所見。若菩薩心。不住法而行布施。如人有目。日光明照。見種種色。須菩提。當來之世。若有善男子。善女人。能於此經受持讀誦。即為如來。以佛智慧。悉知是人。悉見是人。皆得成就無量無邊功德。

須菩提。若有善男子。善女人。初日分。以恒河沙等身布施。中日分。復以恒河沙等身布施。後日分。亦以恒河沙等身布施。如是無量百千萬億劫。以身布施。若復有人。聞此經典。信心不逆。其福勝彼。何況書寫受持讀誦。為人解說。須菩提。以要言之。是經有不可思議。不可稱量。無邊功德。如來為發大乘者說。為發最上乘者說。若有人能受持讀誦。廣為人說。如來悉知是人。悉見是人。皆得成就不可量。不可稱。無有邊。不可思議功德。如是人等。則為荷擔如來。阿耨多羅三藐三菩提。何以故。須菩提。若樂小法者。著我見人見眾生見壽者見。則於此經不能聽受讀誦。為人解說。須菩提。在在處處。若有此經。一切世間天人阿修羅。所應供養。當知此處。則為是塔。皆應恭敬。作禮圍繞。以諸華香而散其處。

復次。須菩提。若善男子。善女人。受持讀誦此經。若為人輕賤。是人先世罪業。應墮惡道。以今世人輕賤故。先世罪業。則為消滅。當得阿耨多羅三藐三菩提。須菩提。我念過去無量阿僧祇劫。於燃燈佛前。得值八百四千萬億那由他諸佛。悉皆供養承事。無空過者。若復有人。於後末世。能受持讀誦此經。所得功德。於我所供養諸佛功德。百分不及一。千萬億分。乃至算數譬喻。所不能及。須菩提。若善男子。善女人。於後末世。有受持讀誦此經。所得功德。我若具說者。或有人聞。心即狂亂。狐疑不信。須菩提。當知是經義不可思議。果報亦不可思議。

金剛經

爾時須菩提白佛言。世尊。善男子。善女人。發阿耨多羅三藐三菩提心。云何應住。云何降伏其心。佛告須菩提。善男子。善女人。發阿耨多羅三藐三菩提心者。當生如是心。我應滅度一切眾生。滅度一切眾生已。而無有一眾生實滅度者。何以故。須菩提。若菩薩有我相人相眾生相壽者相。即非菩薩。所以者何。須菩提。實無有法。發阿耨多羅三藐三菩提心者。須菩提。於意云何。如來於燃燈佛所。有法得阿耨多羅三藐三菩提不。不也。世尊。如我解佛所説義。佛於燃燈佛所。無有法得阿耨多羅三藐三菩提。

佛言。如是如是。須菩提。實無有法。如來得阿耨多羅三藐三菩提。須菩提。若有法。如來得阿耨多羅三藐三菩提者。燃燈佛則不與我授記。汝於來世。當得作佛。號釋迦牟尼。以實無有法。得阿耨多羅三藐三菩提。是故燃燈佛。與我授記。作是言。汝於來世。當得作佛。號釋迦牟尼。何以故。如來者。即諸法如義。若有人言。如來得阿耨多羅三藐三菩提。須菩提。實無有法。佛得阿耨多羅三藐三菩提。須菩提。如來所得阿耨多羅三藐三菩提。於是中無實無虛。是故如來説一切法。皆是佛法。須菩提。所言一切法者。即非一切法。是故名一切法。

須菩提。譬如人身長大。須菩提言。世尊。如來説人身長大。則為非大身。是名大身。須菩提。菩薩亦如是。若作是言。我當滅度無量眾生。即不名菩薩。何以故。須菩提。實無有法。名為菩薩。是故佛説一切法。無我無人無眾生無壽者。須菩提。若菩薩作是言。我當莊嚴佛土。是不名菩薩。何以故。如來説莊嚴佛土者。即非莊嚴。是名莊嚴。須菩提。若菩薩通達無我法者。如來説名真是菩薩。

須菩提。於意云何。如來有肉眼不。如是。世尊。如來有肉眼。
須菩提。於意云何。如來有天眼不。如是。世尊。如來有天眼。
須菩提。於意云何。如來有慧眼不。如是。世尊。如來有慧眼。
須菩提。於意云何。如來有法眼不。如是。世尊。如來有法眼。
須菩提。於意云何。如來有佛眼不。如是。世尊。如來有佛眼。

須菩提。於意云何。如恒河中所有沙。佛説是沙不。
如是。世尊。如來説是沙。須菩提。於意云何。如一
恒河中所有沙。有如是沙等恒河。是諸恒河所有沙
數佛世界。如是寧為多不。甚多。世尊。佛告須菩提。
爾所國土中。所有眾生。若干種心。如來悉知。何以
故。如來説諸心。皆為非心。是名為心。所以者何。
須菩提。過去心不可得。現在心不可得。未來心不可
得。

須菩提。於意云何。若有人滿三千大千世界七寶。以用布施。是人以是因緣。得福多不。如是。世尊。此人以是因緣。得福甚多。須菩提。若福德有實。如來不説得福德多。以福德無故。如來説得福德多。

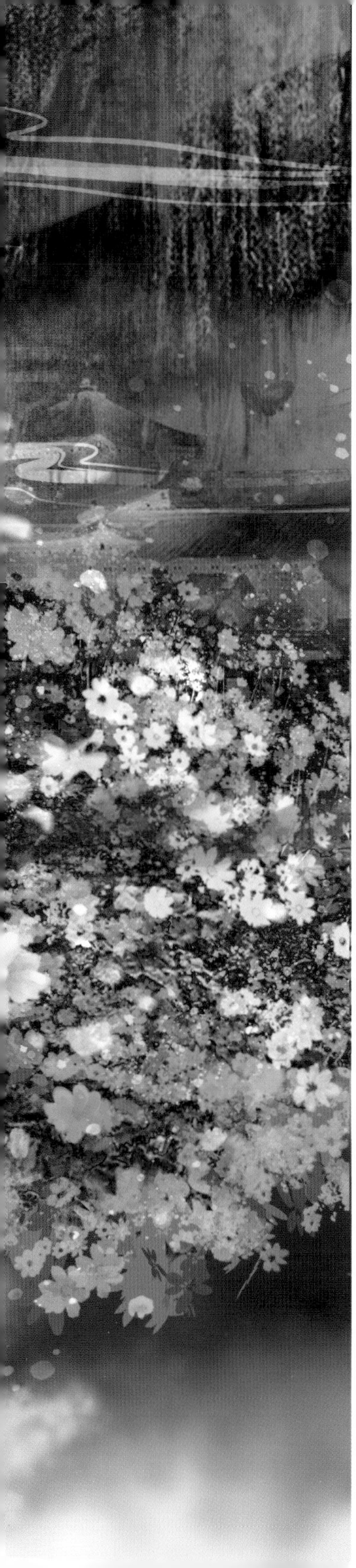

須菩提。於意云何。佛可以具足色身見不。不也。世尊。如來不應以具足色身見。何以故。如來說具足色身。即非具足色身。是名具足色身。須菩提。於意云何。如來可以具足諸相見不。不也。世尊。如來不應以具足諸相見。何以故。如來說。諸相具足。即非具足。是名諸相具足。

須菩提。汝勿謂如來作是念。我當有所説法。莫作是念。何以故。若人言如來有所説法。即為謗佛。不能解我所説故。須菩提。説法者。無法可説。是名説法。爾時慧命須菩提白佛言。世尊。頗有眾生。於未來世。聞説是法。生信心不。佛言。須菩提。彼非眾生。非不眾生。何以故。須菩提。眾生眾生者。如來説非眾生。是名眾生。

須菩提白佛言。世尊。佛得阿耨多羅三藐三菩提。為無所得耶。佛言。如是如是。須菩提。我於阿耨多羅三藐三菩提。乃至無有少法可得。是名阿耨多羅三藐三菩提。復次。須菩提。是法平等。無有高下。是名阿耨多羅三藐三菩提。以無我無人無眾生無壽者。修一切善法。即得阿耨多羅三藐三菩提。須菩提。所言善法者。如來說即非善法。是名善法。

須菩提。若三千大千世界中。所有諸須彌山王。如是等七寶聚。有人持用布施。若人以此般若波羅蜜經。乃至四句偈等。受持讀誦。為他人說。於前福德。百分不及一。百千萬億分。乃至算數譬喻。所不能及。

須菩提。於意云何。汝等勿謂如來作是念。我當度眾生。須菩提。莫作是念。何以故。實無有眾生如來度者。若有眾生如來度者。如來則有我人眾生壽者。須菩提。如來說有我者。即非有我。而凡夫之人。以為有我。須菩提。凡夫者。如來說即非凡夫。是名凡夫。

化無所化

須菩提。於意云何。汝等勿謂如來作是念。我當度眾生。須菩提。莫作是念。何以故。實無有眾生如來度者。若有眾生如來度者。如來則有我人眾生壽者。須菩提。如來說有我者。即非有我。而凡夫之人。以為有我。須菩提。凡夫者。如來說即非凡夫。是名凡夫。

須菩提。於意云何。可以三十二相觀如來不。須菩提言。如是如是。
以三十二相觀如來。佛言。須菩提。若以三十二相觀如來者。轉輪
聖王。即是如來。須菩提白佛言。世尊。如我解佛所說義。不應以
三十二相觀如來。爾時世尊。而說偈言。若以色見我以音聲求我。
是人行邪道。不能見如來。

無斷無滅

須菩提。汝若作是念。如來不以具足相故。得阿耨多羅三藐三菩提。須菩提。莫作是念。如來不以具足相故。得阿耨多羅三藐三菩提。須菩提。汝若作是念。發阿耨多羅三藐三菩提心者。説諸法斷滅。莫作是念。何以故。發阿耨多羅三藐三菩提心者。於法不説斷滅相。

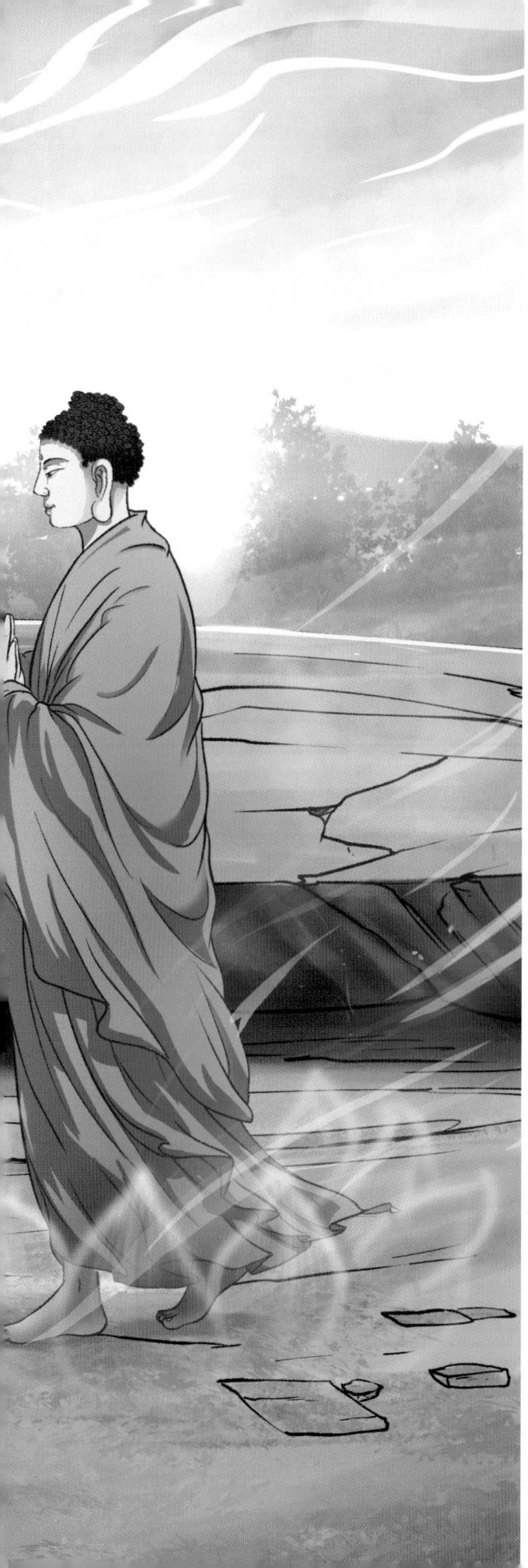

須菩提。若有人言。如來若來若去。若坐若臥。
是人不解我所說義。何以故。如來者。無所從來。
亦無所去。故名如來。

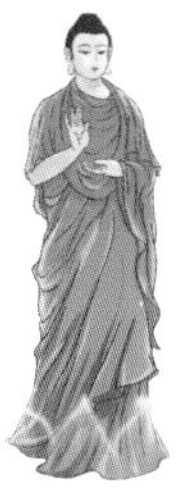

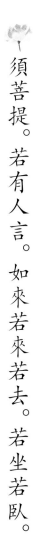

須菩提。若善男子。善女人。以三千大千世界。碎為微塵。於意云何。是微塵眾。寧為多不。須菩提言。甚多。世尊。何以故。若是微塵眾實有者。佛即不説是微塵眾。所以者何。佛説微塵眾。即非微塵眾。是名微塵眾。世尊。如來所説三千大千世界。即非世界。是名世界。何以故。若世界實有者。即是一合相。如來説一合相。即非一合相。是名一合相。須菩提。一合相者。即是不可説。但凡夫之人。貪著其事。

須菩提。若人言。佛説我見。人見眾生見壽者見。
須菩提。於意云何。是人解我所説義不。不也。
世尊。是人不解如來所説義。何以故。世尊説我
見人見眾生見壽者見。即非我見人見眾生見壽
者見。是名我見人見眾生見壽者見。須菩提。
發阿耨多羅三藐三菩提心者。於一切法。應如是
知。如是見。如是信解。不生法相。須菩提。所言
法相者。如來説。即非法相。是名法相。

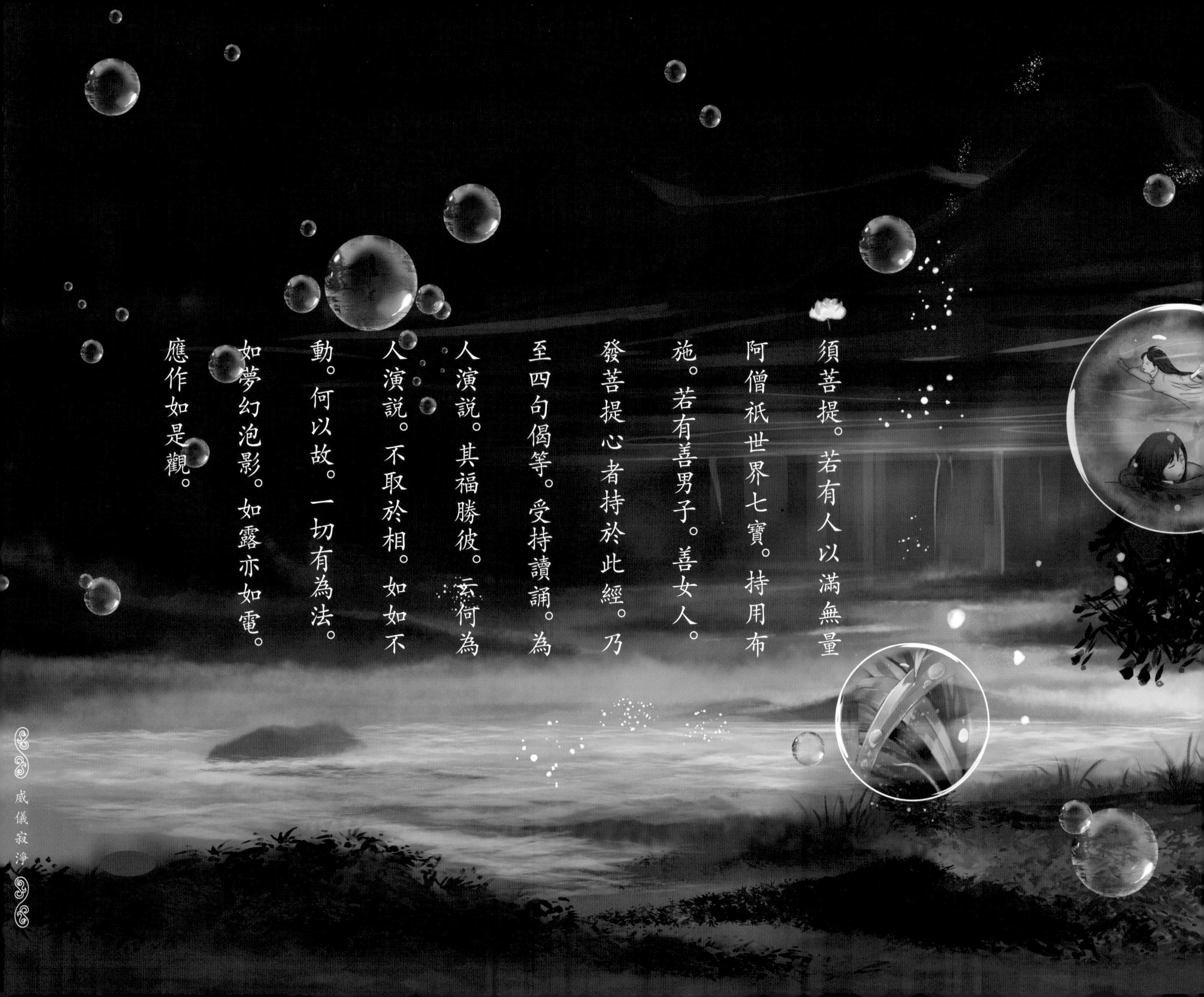

須菩提。若有人以滿無量阿僧祇世界七寶。持用布施。若有善男子。善女人。發菩提心者持於此經。乃至四句偈等。受持讀誦。為人演説。其福勝彼。云何為人演説。不取於相。如如不動。何以故。一切有為法。如夢幻泡影。如露亦如電。應作如是觀。

佛説是經已。長老須菩提。及諸比丘。比丘尼。優婆塞。優婆夷。
一切世間天人阿修羅。聞佛所説。皆大歡喜。信受奉行。

迴向偈

願以此功德　莊嚴佛淨土
上報四重恩　下濟三途苦
若有見聞者　悉發菩提心
盡此一報身　同生極樂國

大畫·金剛經

慧日永明文創：王玉蕙　郭清楠　徐　寧　陳振雲　張藝曦
潘　超　呂桂林

編輯：蘇慧怡　設計：葉承志

出版
正文社出版有限公司
香港柴灣祥利街 9 號祥利工業大廈 2 樓 A 室

承印
天虹印刷有限公司
香港九龍新蒲崗大有街 26-28 號 3-4 樓

發行
同德書報有限公司
九龍官塘大業街 34 號楊耀松（第五）工業大廈地下
電話：(852)3551 3388　傳真：(852)3551 3300

台灣地區經銷商
大風文創股份有限公司
電話：(886)2-2218-0701　傳真：(886)2-2218-0704
地址：新北市新店區中正路 499 號 4 樓

第1次印刷發行　2022年11月

Printed in Hong Kong.

ISBN:978-988-8504-55-8

港幣定價 HK$108　台幣定價 NT$540

讀者若發現本書缺頁或破損，請致電 (852)25158787 與本社聯絡。